POÉSIES PATOISES

PAR

Louis GIGORD.

Cafetier à Nimes.

NIMES

DE L'IMPRIMERIE TYPOGRAPHIQUE SOUSTELLE,
Boulevart Saint-Antoine, 9.

1868

POÉSIES PATOISES

POÉSIES PATOISES

PAR

Louis GIGORD

Cafetier à Nimes.

NIMES
DE L'IMPRIMERIE TYPOGRAPHIQUE SOUSTELLE,
Boulevart Saint-Antoine, 9.

1868

LA FON DIS ÉSPLANADO ou LA COULÈRO DOU RHOSE

Un soir dou més dé jùn, dou tém d'uno trounado,
Mé prouménave soul ou plan dé l'Esplanado ;
Lou Ciel èro couvert per dé nives éscur
Qué tapavoun pèrtout lis estèlo e l'azur.
La pléjo douçamen toumbavo sus li fiéyo
Di jouine marounier qué bordoun lis alléyo ;
L'iyaou dé téms en téms fasié taïsa li chò
Én lançan din lis air dé gran signe dé fio ;
E lou tonèro alor, qué s'éntén di dous polo,
Fasié flouta li pli dé sa raoubo dé tolo ;
Esclatavo per cò, roundinavo sans fin,
Drévéyavo l'écho coumo s'éro matin,
Din aquél bru dé gnu, qué lou poèto énvéjo,
Sé dressé sus si pé lou Rhos'én peïro fréjo ;
Soun régard tout d'un cò sé rélèvo d'ou soou,
Ourias di l'éndourmi qué din un sounj'a poou !

Sis yeul fasién dé fio, si dous gros bras d'herculo
Ourien léva dé pés maï qu'uno bassacula ;
Si péou s'éroun dressà ; din li pli dé soun fron
Vésiei lou sang couri coumo l'aïg'à la fon ;
Lou créséguére fol én régardant sa testo,
Sémblav'un assassin quand jogo dé soun resto ;
Si craquamén dé dén, si ménaço e si poun
Fasien trembla si fenno et frémi lou Gardoun !
Yé digu'én touti dos : « Respoundès pa, sès mudo ?
Sérés tant qué viourés dous énfan à la mudo ?
Poudés pa bouléga ni mémo faïr'un pas,
Vous an lia li pé, vous an lia li bras ;
Vou ténoun touti dos coumo dé prisounieiro,
Coum'un paralisa planta sus sa cadieiro ;
Vous an, coum'à l'enfan qu'a pa pus qué l'estin,
Désénpiei for lontém traça vosté camin.
Crésès, din lou miral, vous veiré pu poulido ?
Sès maïgro coum'un pi, sès touti désfrounsido,
Tout coumo à l'oussélé qué la maïr'à soun nis
Sé lou laïss'un moumén sans sé plagne mouris.
Déourias ploura lou tém : aquél tém quand sias bèlo...
Quand poudias, en courén, desfia l'hiroundèlo ;
Quand vous éspandissias, en touto libertà,
Per abéoura li sourço e quitta lou valà !...
Enfin, soui oublijà dé vou dir'én dé péno

Qu'avès presque pa pus dé san din vosti véno,
E vou fan énana, per un pichò camin,
L'uno din lou Gardoun et l'aoutr'ou grand bassin.

Yeou, désénpiei lontém m'avién traçà ma routo,
Mé vouyén émbara din dé grandi rédouto ;
Mé désféndien d'ana prouména din lou chan ,
Coum'en un criminel m'avién lia li man.
Ma patienço souvén calmavo ma couléro ;
Tout foou qu'agu'uno fin : la pais coumo la guèro ;
Despiei maï dé séz'ans ère coum'un patién,
Souffrissiei san rén dire e mé mourdiei li dén ;
Vésiei davan mi pas lou cimén e la peiro
Dé moun large camin m'én faïr'uno carieiro,
E m'ourién émpachà pu tard tranquilamén
Dé veïre sé lou ciel èro négr'ou sérén.
Per mé voudr'énbara coumo dinc uno bourso,
Sérié voudr'aresta lou nivo din sa courso...
Soui tranquil'én dourmén ; mais, quand soui drévéyà,
Lou marbre lou pu dù pode lou limaya.
A Lyoun, mille houstaou qu'avién maï dé dès toiso,
Lis aï touti scrafà coumo sus un'ardoiso.
Din bén d'aoutri peïs ount'anave pa pus,
Aï bouliversà tout san-dessouto-dessus.

Moun aïgo di clouché branlavo li campano ;
Métiei presqu'à nivel li mountagno et la plano ;
Abouzounave tout cé qu'èr'à moun davan ;
Alor émbé la Mort nou prestavian la man ;
Marchavian touti dous din lou cham dé batayo :
Tout èro renversà coum'un blà per la dayo ;
Li mountagno pertout qué bordoun moun camin
Tramblavoun en disén : Dé qué séra la fin !...
Vésiei li passéroun, én battén dé sis alo,
Regarda din lou ciel sé trouvavoun d'escalo ;
S'anavoun énbara din quaouqui pijounié
Per yé mouri dé fan én d'aoutri prisounié ;
D'aoubré qu'én dé lou vént soustènoun la batesto,
Én li déracinan yaï fa courba la testo ;
Lou mourtié dis ancien, itan dù qu'un cayaou,
N'aï sépara li gran dé sabl'émbé la caou ;
Dé pont qué din mi car crampounavoun si patto,
Té lis aï souléva coum'un moucel de fato,
E li faran servi, sé suivoun moun avis,
Per passa de bachas ounté l'aïgo croupis.
Vole la libertà qué ma fa la naturo :
Podé pa suppourta dé bouclo à ma cénturo ;
Ténès-vous à l'escar, laïssas-mé dé répaou...
Vole estre libr'ici coumo l'aiglo amoun daou ;
Mé séntisse proun for per apara ma plaço ;

A l'énjuste jamaï yé faou paca dé graço ;
Dé ma patienço, enfin, pouriei n'éstre fachà,
Mé dé cheïno jamaï m'én veirés pas pourtà !
Sérén toujours en guèro én dou camin dé fère
Qué vaï coumo lou vén ; déspiei mé déséspère !
Savé pas mé vira sans lou veïre pértout
Douna dé pan dé l'arg'i bateou à vapou ;
E sémblo qué mé dis, én mé fasén dé grasso :
« Rhosé, vos pa pu rén, foou mé laïssa la plaço ;
Marcho d'un pichò pas, toun bastoun à la man ;
Quan l'home vén trop viel mouris coum'un énfan ! »
Yeou, réspoundiei : « Rascas ! un jour dé ti murayo
T'én faraï dé fialas émbé dé largi mayo ;
Sé mé décid'un cò, sé la mousco mé prén,
Té couparaï én dous, té brisaraï li rén. »
Yé sian aquésto fès et, d'accord én di nivo,
Aï éntrava li pé dé si locomotivo ;
Si pont, si soutérén, én bard, én Baratel,
Qué lis anoun cerca, soun chaplà per moucel ;
Lou nègue dé pertout, yaï déraba si rèlo,
L'aï més coum'un moulin quan a perdu si vélo.
Quan séraï rétira, dé tant dé bastimén
A péno sé pouran trouva li foundamén.
Foou qué davan mi pas tout sé lév'à la roundo ;
Li rampar d'Avignoun lis aï més din ma froundo,

E li rétrouvaran itant ésparpia
Qué li flou d'un tiyeul qu'un vén a brandouya.

E perqué m'énferma din tan dé grans ouvrajé
Quan lou gouvernamén aboulis l'ésclavajé ?
La sainto libertà qu'a fa lou Tout-Puissant,
Qué li Francés avén mesclado din lou san
Despiei qué s'éscapé di prisoun féodalo,
E qué volo pu naou qué l'aiglo impérialo,
Quan sis alo din l'air formoun lou gran escar
Dé soun oumbro toujour démandaraï ma part.
Réclame moun bon dré, soui citoyén dé Franço,
Dou frountoun dou Palaï régarde la balanço.
E per coumparésoun, prénès un roussignoou
Qu'uno fès éngabia sé taïso e mès soun doou !...
Cridoun qu'aï fa de maou, qu'aï paca dé counsienço,
Qué m'en répentiraï, què faraï pénitenço ;
Qu'uno fés aféblì séraï vite jugea ;
Dindé rempar d'acier me vendran ressara.
Mé fan suza li rén quan parloun de menaço !
Sente mis bras proun fort, és pas bésoun d'oudaço :
Vosti rempar d'acier, dé brounz' ou de diaman
Vous lis machugaraï coumo un papié d'éstan.
Lissas me prouména, calme, libre, tranquile...

Amaï siègue bèn viel, vous soui encaro utile,
Garde parén per yeou, sè rébale de cham
En de limoun dé fés, voun bayé lou mountan.
Epiei vous respoundraï sans agudre vergougno,
Qué dé téraire yeou ai gari de la rougno.
Dé cantoun qu'ourièn pa nouri dous gran de mil
Portoun un foundaou vert coumo li bords dou Nil;
Bastissés vilo é mas sus li plan di mountagno :
Aqui véndrés pu viel qu'à la plato campagno ;
Laissas lou bon térén, duvès pa l'oucupa ;
Souto d'oustaou jamaï lou bla poussara pa.
Vole libre li chams e li téro qu'arose ;
Surtout qu'oublidoun pa qué m'apèloun lou Rhose.
Per uno bonno fés ténès-vous ou per dit,
Din cé qué m'aparten dé pa véni bastî.

COUNSÉL ÉN GUISO DÉ MORALO

Qué l'home coche d'aou, qu'habite pas la plano,
Lou ciel és fa per él é lou cham per la grano.
L'aigo pér arousà, l'èr per nous assénì
E li roc per pourta d'oustaou à l'énfinir.

L'OURAGE A LA RÉSERVO

Mé trouvan à Marseillo un jour dou més de mar,
Proumenère lou soir sus li bords dé la mar ;
Lou tém èro sérén, é dé myoun d'éstèlo
Garnissièn lou tapis dé la vouto éternèlo !
L'astre qu'ou ciel dé gnu gnya pa dé pu beou qu'el
Gitavo la clarta manlévad'ou sourél !
Lou silènço èro gran, la mar èro tranquillo :
Enténdiei quaouiqui bru, mais végnèn de la villo.
La vago couménçav'à prén'én paou d'alèn,
Sus la ribo végné se brisa douçamén
E dou foun dé la mar énténdièn un murmuro
Qué sémblavo prégà lou Diou dé la naturo.
De troupo dé peyssoun, fasien un ségoun cur
Coumo l'éncèn én fum mountavo din l'azur ;
Din soun can triste et soumbre outan qu'uno coumplento
A soun Gran Créatur adressavoun si plènto ;
Sémblavoun se plagnì, li paoure animaou,
Qué la mar bèn souvèn yé fasié forço maou !
M'anave rétirà, quicon mé digué : resto,

Véguère qu'anavian agudr'uno tampesto !
Dinc un moumén après, lou ciel pourtavo doou...
Li nivo én courissèn ésténdièn si linçoou,
Dou céleste fanaou acatèroun la faço
E li ténèbr'alors réprenguèroun si plaço.
Avieï pa vis la mar, èro lou premié co ;
Jurère qué jamaï serieou pa matelò.
Se li vago en jougan an la mendro dispùto,
S'ès bèn vite ségù dé faire la culbuto.
La terro save bèn qué certo parlo pa,
Mè la tèrro es fidèlo e la mar ou-z-es pa.
Es l'aouro dou mié-jour qué coumencé lou branle...
E soun bru ménaçan me rendégué tout panle !
E semblavo qué rèn l'arestarié pa pus,
Qu'anavo métre tout san dessouto-dessus.
Coum'un rey mesprisa qué l'ensulto talouno
Dounavo lou mò d'ordr'à la vago pouitrouno
E sémblav'én passan yé dire : dinc un paou
Dounaraï lou signal dé coumençà l'assaou.

La mar dinc un moumén, la mar qu'èr'inoucénto
Semblav'un gros lioun quan rugis din sa plènto ;
Escumav'à si bords, bouyounav'ou mitan,
Racavo dé si gouffr'e dé rouge e dé blanc.

Mountavo din lis er, din sa grando coulèro,
Mesclavo si councer is esclà dou tonèro !
Lou pu gros bastimén itan aou qué Babel
Yé pésavo pa maï qué l'alo d'un capel.
En si vagu'éngouffrad'ou sourti dé si baoumo
San préne piata d'él, lou jogoun à la paoumo ;
Yé cavoun un abim'énté s'éngloutissié,
Soun oundo l'acatav'é lou descouvrissié.
Enfin dinc un moumen rémountav'à la cimo,
Uno ségound'après décendié din l'abimo,
E chacun ourias di qué la mar én passioun
Avié dou bastimén jurà la perdicioun !
Li vago én sé batèn youvrissièn uno plaço
Ounté mourtèl, jamaï, n'ourié pa trouvà traço
Maougré l'éscurésino, on poudié per moumén
Suivre la pousicioun dou triste bastimén.
Lou véguère bèn leou d'uno façoun nouvèlo
Si màt s'èroun couchà, moustravo sa sémèlo,
Rénversa sus lou flan avié pérdù l'aploun
E duvié per toujour s'éngloutí din lou foun.
L'aigo én lou couvrissèn intravo din sa calo;
Sémblav'un parpayoun quan sé débà dis alo.
L'ouragan furious lou rélèvo d'aploun,
L'Ange dis à la mar: « laissa lou, qué n'a proun, »
E crido i matélò : « cantas doun un cantico ;

La mar és pas un Dìou, és paqué douméstico,
A soun Mèstre toujour finis per oubéï
Adréssas vou-yé vit'é la farà finì.
Car s'oubéissié pa, sé fasié l'aïssablo,
Soun aïgo s'émbeourié, restarié pa que sablo ;
Ourié pa pus, alor, soun flux ni soun réflux ;
Li pé dé l'hom'énfin yé marcharièn dessus.
Malgré tou soun fracas, és leou soupl'é moudèsto ;
Lou qué l'a méss'aqui d'un soul co d'yeul l'arrèsto.
Poudès èstr'assura qu'avan d'èstr'à deman
Ourà la cheyno ou col é li manot'i man.
En faço dou dangé, l'home perd soun courage ;
Ya pas a badinà, quan arivo l'ourage. »
Li paoure matélò èroun tan fatigà,
Souvèn lou désespoir énpacho de prégà ;
Avièn touti la poou din lou foun dis éntrayo
E chacun avié vis la mort éndé sa dayo !
Sé cridavoun d'ici nou souvarén pa pus !
Quan dinc aquél moumén éntèndoun l'*Angelus*...
Dinc un darnié ressor, si ginoul sé pléguèroun ;
Régardèroun én l'èr, én rouffélan préguèroun.
Sa prièro mountè proche lou Tout-Puissant ;
La mar oubéissèn s'arésté sus lou chan.
Quaou n'és pa'sta témoin mé dirà po pas èstre...
La mar oubéigué coum'un chin à soun mestre.

Lou gran bru qué fasié ségué vite passà
E lou silènc'alor véngué lou ramplaçà.

Oubéigué (disiei), ségué pa réboundino,
Dé si mountagno alor rampligué si coulino ;
Soun oundo répréngué la coulou dou cristal,
Lusigué tallamén qué sémblav'un miral ;
Enfin tou sé calmé, lou vèn plégué sis alo,
Li batèou din lou port désplèguèroun si voilo,
E lou Ciel sé paré d'ésclatanto coulou,
Li nivo acampéjà courissièn dé pértout ;
Sé n'én rétiré tan qué n'én résté pa traço :
A l'astre dou matin faguèroun touti plaço.
Lou sourél pareissèn, éscrasé li pichò,
Dé sa faço raqué de baguéto dé fiò ?
Qué décéndièn d'én aou i nis dis iroundèlo,
La naturo préngué si coulou li pu bèlo ;
Ounté yavié lou doou, ounté foundièn én plour,
Paregué lou bonhur, révengué lou bèou jour !
Lou bastimén agué bravà vagu'e témpèsto
E la mort s'énané san démandà soun rèsto.

Nimes. Imp. Soustelle, boulevart St-Antoine, 9.

www.ingramcontent.com/pod-product-compliance
Lightning Source LLC
Chambersburg PA
CBHW071435060426
42450CB00009BA/2180